Pilar Úcar Ventura
Deja a la vida en paz

Colección Baños del Carmen

Pilar Úcar Ventura

Deja a la vida en paz

EDICIONES VITRUVIO
Colección Baños del Carmen,
nº 1064

www.edicionesvitruvio.com

Primera edición, 2025

© Ediciones Vitruvio
C/ Menorca, nº 44
28009
Madrid
Tlf: 91 573 21 86

ISBN: 979-13-991070-0-5
Nº: 1.780

Deja a la vida en paz

SILENCIO QUE SUENA A RABIAR

Arrebato pensado y cansancio infinito.
Rendición a tus palabras
tan aprendidas y repetidas.
Aquellos cuadernos de márgenes
decorados y hojas de cuadros
con poesía posromántica
hoy nos devuelven a la herida.
Difícil de soltar la goma que apretaba
versos conocidos con imágenes idealizadas
que el deseo presente anhela vivir
algún día no muy lejano.

Y SOÑABA QUE TUS OJOS

Tan claros, se encontraban
con los míos, como en aquellos
parajes de cuento: la donna angelicata
suspirando en arrebato perpetuo
por tu presencia,
y tu tacto rozando mi piel
nos llevaría a recónditos lugares.
Pero los sueños…
Puras fórmulas matemáticas sin metáforas
ni símbolos férreos, poco nos costó
despejar la incógnita: yo hubiera preferido
el despojo de mi vestido entre tus dedos.

ME HABLARON

De piratas y gitanos,
de cartas y paseos,
cunetas y sombras, disparos y gritos
hasta que se "hizo la luz"...
Y la poesía de la guerra nos condujo a un mar "abierto"
en dos,
embravecido de sentimientos maltrechos y
afectos descalabrados,
reivindicaciones y
lamentos y tortura.
Al final, sí, nuestras pupilas se encontraron.

LO MEJOR

No hubo efectos adversos,
existió un murmullo, sentados, tranquilos y
sin recetas mágicas. Tanto tiempo de espera
y ahora, un instante de intensidad.
La física y la química hicieron sus conjuros
y la escena se iluminó: olvido y fascinación
entre dos seres añorados.
La dosis adecuada de dos vidas reunidas.

PICABA

Aquel recuerdo paterno y el lamento de la cebolla,
damas cortesanas y aura mística,
los globos y el algodón,
el gusano del amor
y un retrato rescatado.
Todo lo aprendías, todo lo querías saber.
Sin pudor y con ganas, nos besamos.
El placer de la arritmia invadió ese espacio
tan nuestro, sin pensar en el qué dirán,
sin tiempo escrito.
Convencidos de sentirnos permanentes.

SENTIR EL CRISTAL

Con las palmas de las manos,
ganar la ansiedad,
sin estrecheces que ajustar para amar
desde la devoción.
Esa figura geométrica de ángulos y esquinas,
incapaz de dibujar sonidos,
solo permite la sensación
de placidez.
Deslizarse por las caras del cristal,
muchas miradas anhelantes
por escapar del marco
de la vitrina celosamente guardada...
Nos miran: tallas y bustos que preguntan, provocan
y conmueven.
Lo moderno y lo clásico, el hombre en su mismidad.
Humanos conocidos y anónimos.
Conciliábulo de rostros, iluminados, aterradores
y suplicantes
inocentes y ciegos: pétreos; ¿se ven o nunca se han visto?
Con actitud derrotada
y triunfalista,
recobran el aliento esculpido, el movimiento estático
con retorcidas sonrisas y regias poses.
¿Qué me estáis diciendo?
Siempre rostros engreídos o inseguros,
petulantes y temerosos.

OS CONOZCO

Aplacad el impulso
y volved a la palestra.
Arrancad esa máscara
sin redención eterna,
el sufrimiento se aferra al acero
y el gozo impreso en la piedra,
se transforma en caretas holográficas.
Apagad las luces estroboscópicas,
sois espantajos recortados
de la Historia.
Huellas del poder arbitrario.
Caras de la belleza y del peligro,
hoy simulacro innombrable.
Identidad marchita del camino,
no hay misterio. Sin conspiración ni sometimiento.
El ser humano descansa en vuestra faz,
mientras alguien,
bailando danzas ancestrales,
salmodia una melodía arcana.
Callad e invocad perdón,
dadme una mano amiga,
cuando conversáis en silencio,
se borra el susto de la víctima,
y aquel rostro depredador,
que funde a negro
desaparece de vuestra órbita.
Os veo, os siento: alma y más almas.
Todo a imagen y semejanza del ser humano.

LA TORMENTA

Te asomaste a mi vida sin asombro,
sin gestos ni intenciones.
Intentabas desenmarañar mi sonrisa pintada
que disimulaba alegría.
Permanecías incómodo a mi lado,
yo presentía un nudo en tu boca
que intenté desatar.
Pero como siempre...
nos enredamos.
Juegos a escondidas,
hormigueo por las piernas,
y un sopor que adormecía
mis manos apresuradas.
Sin inocencia,
volvimos a empezar,
olvidando el sufrimiento
de la espera.

TU SOMBRA

El viaje de tus manos esculpe mi perfil,
un tacto cuyo recuerdo me acompañará
en la fragilidad
de mi soledad
cuando tu presencia solo sea sombra.
Si la agonía
nos mantiene despiertos,
calla tus culpas,
para amortiguan el dolor
de la separación,
pero en este instante
único,
vivamos la ansiedad
con el deseo irrepetible
de encontrarnos
una vez más.

LUCIDEZ

Hunde tus dedos para olvidar el vacío,
rescata el suspiro anhelado de la oscuridad
que nos envolvía
antes de conocernos.
Alimentaré tus caricias
al calor de sensaciones
lúcidas y conscientes.
Tus manos me sostienen
de la caída.
Olvida funestos augurios,
ante la dicha
palpable
porque en tu brazo poderoso
habita mi existencia:
Una pasión indómita,
una entrega perpetua.

LA NUBE

Desaparecen mis fantasmas
porque calmas mi fantasía.
No existen imágenes perturbadoras
si tu figura permanece junto a mi reflejo.
Aproxima tu calidez a mi ser
impertérrito,
sin parsimonia. Rodea con tus manos mi perfil
que añora la calidez de abrazos
no recibidos.
Atento el ánimo a tu acogida,
mi cuerpo se arruga con afán
y tú desdoblas pliegues
que la edad afila.

ESTACIONES

Quien me habló en diciembre
de neblinas,
se adueñó de mi fortaleza,
hoy casi inexpugnable
a pesar de la soledad.
El deseo volvería en la primavera de un jardín japonés,
tan frío
percibía olores y sabores impregnados en mi cerebro,
el tacto de unas manos,
el roce de labios próximo a extinguirse
con el latido acelerado de un corazón
sufriente.
Me arranqué viejas costuras,
mientras el vaho del alma
difuminaba suspiros silenciosos
que golpeaban las paredes de mis sentidos.
En diciembre no hay estímulos
que hieran,
se adormecen las sensaciones
del placer buscado
con anhelo estival
y caen derrumbadas de pesadumbre.

AXIOMAS

Hoy invitan a pensar,
algunos humanos piensan
y otros aburren,
ni tan siquiera vegetan.
Musgos y seres que están,
y a duras penas, son.
Las dendritas nos ponen sobre aviso,
salta la liebre y recobran vida
para asestar un mandoble inopinado,
relajado y poco amistoso.
¿Quién les ha dado vela en este entierro?
Deja a la vida en paz,
gritan
en la calle,
desconocidos muy familiarizados
con la impertinencia de quien se sabe dueño
de algunos principios.

ALERTA

Hasta que el pitido de las vías,
lapidario y grandilocuente,
nos devuelva al kilometraje real,
atractivo y repulsivo,
evidente,
no hay que demostrar nada.
La rutina
marca la lucha por la vida,
pelea asimétrica,
contendientes desiguales,
por más que la singularidad
pretenda diseñar
el destino personal.

EL HILO

La sesera quijotesca se derrite
en una cadeneta que serpentea
vericuetos de creencias
nunca asumidas en un trayecto de querer
y no
poder.
Esa vida que nos maltrata,
sin tregua
tira del hilo y enjareta sucesos
ignorando hacia donde van.

EL FAROL

No quedan el placer de la conversación
ni la necesidad del tiempo.
Planes desdibujados, movimientos inanimados:
el cuento de la lechera
redivivo el oso sin fin;
comportamiento presente frustrado en el futuro,
fantasías de piel y leche convertidas
en ejecutora ponzoña
que aniquila el ánimo.
Darle tregua a la vida,
sin la duda fantasmagórica
de la confusión y el desencanto.
Trazar o borrar,
salga tuerto el camino
o enderezada la curva.
Derribar instantes
con un soplo
como si fuera una tira de naipes
encastillados.

LA MUDANZA

Me enteré de que te mudabas:
como al lagarto,
tu epidermis se cayó ante mis pies
y el barro me hundió de raíz.
Truenan preguntas sin respuestas:
mi cabeza recupera
la frágil pista de un recuerdo
que me devuelva a la realidad.
Que la magia no existe,
cierto,
tan frugal como el jabón
que sopla un niño con pompas de colores,
tu amor.

LAS TIJERAS

¿Por qué recortas esas figuritas?
Tu habilidad
me asustaba:
tres dedos, papel charol
y saltaban sobre la mesa
de la cocina.
Jugando al corro,
mis ojos se llenaban de lágrimas
al pensar en tus años de infancia,
ahora viejos retazos de vida acomodada.
Siempre mirabas por la ventana
hacia la izquierda la cuesta,
hacia la derecha,
el cementerio.
Callada.
Tu mirada de madre
me inspiraba quietud
para no repetir esa silla
que movías según el sol daba en la persiana.
Hoy sus rendijas bajan con dificultad
para tapar pasiones ocultas
a los ojos de vecinos
atentos en la noche incipiente.
Dormir y soñar
horas que saltan,
al amanecer antes del sonido alarmante.
Un día más.

SECUENCIAS

(I)

Suena. El timbre.
Te espero con gestos conocidos,
sintiendo miedos turbadores,
pronto arrebatos placenteros:
hasta el éxtasis.
Ya no lloro, sonreímos:
tú menos que yo.
El trasiego del tiempo
me impedía creerte,
hasta que las escaleras
y tu presencia,
real,
rasgaba el susto.
Juntos.

(II)

De cara a la pared,
cuadros y virgen,
alguna silla
y cojines que se acomodan
según posturas.
Jadeos y pasos
amortiguados, cómplices de dos
cuerpos conocidos,
marabunta de ropa,
vestigios líquidos
que rugen una vez más.
Hasta mañana.

(III)

Mis pies tropiezan
con el desorden
y mis manos se agachan
a descubrir
en el marasmo del suelo,
olores que no huelen,
de unos instantes,
que ya son pasado.
Simples operaciones matemáticas:
multiplicaciones exageradas
y divisiones enfáticas.
La incógnita del momento
despejada con éxito.
Otra vez.

(IV)

Y vuelta a empezar:
uno más uno,
nunca son dos.
El recuerdo del otro
atenaza la explosión de la fuerza
que les arrolla, aliviadora
fugazmente,
porque la realidad se impone.
Pasa la noche.

DÉJALA ASÍ

"Nunca cierras la ventana del todo"
 y esa ranura de frío
conmueve mi espíritu al despertar.
Se escapa la conciencia del
amor proscrito
sin quedar a salvo entre esas cuatro paredes.
Amanece.
En silencio se cruzan nuestros ojos,
reflejo de un abismo
compartido
por la gracia de la luz
en silencio.

SEDUCCIÓN

El destino invita a la despedida.
Indiferencia simulada
de un día y otro y otro más
que se olvidan.
¡Pobre diablo!,
abatido por tu obsesión
narcisista,
inconsciente o no,
desentrañas el vacío
y controlas el impulso
de reconciliar mi ser
con el temblor de no verme nunca más.
En el ring de la conquista,
pugnas por derrotar al otro.
Sin mí, tus neuronas me nombran
y en ti retumba mi cuerpo.

PEDESTAL

¿Por qué se mueren los buenos antes?
Su recuerdo encaramado en mármol
inflige un castigo eterno.
Las compañías giran alrededor
sin aliviar el padecimiento
de una revancha ansiada
por lo que nunca fue.
La incertidumbre del afecto
anhela el hálito humano
para sentir la respiración
de quien advirtió su finitud.
Me llorarás…

ESA CANCIÓN

Recobrarás el pensamiento de mi persona,
desapasionado,
sin melodía.
Notas mojadas,
letra falsa que rima con un ritmo
inexistente.
Si alguien la escucha,
enloquecerá
antes de alejarse
de unos compases inauditos,
y bailar al son
de una sospecha repetida.
Fragilidad ensordecida
del eco usurpado a unos deseos
que nunca entonarás.

GRANOS DE SAL

Te llamo y te pienso.
Me llamas y no me piensas.
Igual que todos los días,
igual que todas las noches.
La costumbre no afianza el sentimiento,
lo aprisiona
y casi lo ahoga.
Deja que cese la rutina, que los años
no pasan en balde.
Los momentos únicos que anhelaste
se derrumban
con el tiempo;
y las ganas de llorar desaparecen
con los últimos recuerdos
gritados en silencio;
ahorrar lágrimas, no adelgaza.
Tus labios invisibles
enturbian el esbozo de una sonrisa
condescendiente; solo una fina línea
que no permite dibujar
ni una palabra.

FICCIONES

Hermética como nunca,
sintió una punzada de envidia.
Ocultando su desdén,
repitió: "mejor así".
Ella no le ocultaba nada,
pero la inercia tiene fecha de caducidad.
Nada es para siempre:
Los papeles no firmados
atajaban la simpatía
y la envolvían en la molicie
nocturna
de sueños desordenados,
que él nunca conseguiría
despejar.
En esa habitación desocupada,
por una obsesión inquietante
que se agarraba a su piel
desollada,
sentiría el espacio vacío
de su casa,
deshabitada.

COLORES

Dormida,
me despierta la pantalla frenética
y me invita a mirar ese cielo estival
que me aleja de un mundo presente
señalando aquí y allí.
Expectación diaria.
Todo imprevisible hasta la sorpresa de unos colores
que pugnan en matices
silenciosos.
Blanco sucio,
gris rasgado,
estratos y nimbos
se acumulan.
El celeste domina
la oscuridad
delineada en estampida.
Verde intenso
y rosa apagado.
El pincel etéreo pronostica
una jornada de bochorno
veraniego.

EL VIAJE

El termómetro vital
lleno de pigmentos anímicos
se cuela entre los pliegues.
Cielo místico,
en una tierra atronadora.
Súplica rimada,
en una frase cantada,
metáfora sobrevolada,
en algunos humanos agradecidos,
promesas...
Imposible concentrarse.
De un brochazo, ¡arriba!

UNA ANCIANA

Con el corazón temblando,
felicidad diletante y cómica
contemplo un amor de celofán
sin tino.
Adivino el olvido anterior y
presiento el desasosiego,
inabarcable,
de esa pareja
parsimoniosa que se reúne,
festiva y modélica.
Atisbo funesto diagnóstico,
de sospechosos momentos,
fugaces y cálidos,
que hoy se rinden
al deseo desaparecido y doliente.

ÓLEO

Espuma, tinta,
líquidos que corren
para conseguir un nuevo espacio.
Piel y pincel en ese intento de existencia
verdadera.
Composición de tormentas
y frustraciones con el valor de un rayo,
con la fuerza de un trueno,
amortiguado,
que se aleja por el horizonte de la pintura.
Deslizando el trazo,
inmisericorde,
cubre el firmamento,
cómplice,
de su fugacidad.
Intención aturdida,
que se deja acariciar
sin exasperarse.
Tonalidades sensibles,
texturas anímicas.
Adivinar el placer,
aventurar el aplauso.
Puntos, manchas,
líneas
y agujeros invisibles.
Pintura efímera, suspiro de admiración.
No hay aliento que cubra la sorpresa.
Mi obra. Tú.

LA VENTANA

Ramas entrelazadas.
El cristal pinta un cuadro al viento.
Se oye el frío entre los regalos
de un envoltorio evanescente.
La conciencia de la realidad
provoca una mueca obsesiva;
ese miedo que toca
y besa,
festoneado de alegrías leves
en aquel mediodía festivo
de un invierno por vivir.
El cristal cerrado
huele al calor de dentro.
Suenan los árboles
y se ve una melodía.
Esperar y respirar
el frío de afuera.
El lazo de las ramas se deshace
y descubre un sonido añejo.
Cerca,
triunfan los gritos de un premio.
Miro por la ventana
y me veo.

LA PARED

No avisa la puerta.
Pasan sin marcar el paso.
Se quedan.
Una pared de pasión imagina sueños,
perdidos.
Luego el descanso.
Permanecen.
Movimientos sonoros,
mortecinos,
luces intermitentes.
Las manos esconden trucos
y deslumbran con afecto.
Un claroscuro
nocturno en el amanecer algunos seres
que ya no se prometen.
La pared protege a las figuras de fogonazos
imprevistos.
Al despertar, la pared avisa y la puerta se cerró.
Salieron.

ESA VIRGEN

Alguien raspó lágrimas,
alguien las secó.
El dolor no fue tallado,
el dolor se hizo agua.
Apostura y compostura en unos rostros
que padecen
y complacen.
Mostrar el rostro,
desafiar y templar.
Saetas y tambores,
gritos y silencio.
La faz no sonríe,
implora,
los dedos oran,
las manos aprietan
plegarias.
Heridas penitentes,
cantan y relumbran destellos de pecados.
A resguardo de estandartes,
bajo el temblor de los
cirios.
Del suelo a las alturas,
en andas y con faroles procesionan
al compás.
Pasiones con sufrimiento exaltado
y arrebato encogido.
Vivir el padecimiento de una madre
por sus hijos,
el andar lacrimógeno
de tristeza y desconsuelo,
en andas de imaginería artística.
Cincel gimiendo en este valle
a ninguna parte.

Muecas limadas
y farsa martilleada,
los gladiolos acompañan
y el terciopelo abriga culpas.
Mirar hacia arriba con gallardía
y hablar con esos ojos silentes
que ablandan
el castigo.

LA MARIONETA

Trapo, serrín
y cuerdas.
Uñas de color clorofila
y olor a granate.
Ese guiñapo baila al son de la partitura
de un maestro
que golpea latidos.
Sus ojos dibujados con hilvanes miran
impávidos,
las bocas que gritan su nombre:
Rosalinda.
Conmovida busca al príncipe
mientras la falda descolorida gira y gira
¡¡Que no llueva!!
Una gruta en el escenario,
pintada a brochazos
y un bosque oscuro
amenazante.
¿Dónde estará?
Huyó por amor.
Silenciosa se refugia a esperar
y solo el eco suena en miradas inquietas
que no la acompañan.
Cae el telón
y Rosalinda sueña con aquel a quien siempre amará.
Hasta la próxima función.

EL HIJO PRÓDIGO

El otoño rememora los ritos
de aquel hijo mayor…
En su fuero interno,
lo sabe.
Asumió el papel de osado
libertino,
que regresa al redil harto
y contrito de sus escaramuzas
afectivas.
Ella estaría para consagrarle ofrendas,
cabeza de un rebaño
sin necesidad de domeñar.
Su impronta,
indeleble,
renacería al lado de quien
perdona
y olvida.

EL VOLCÁN

Costó entrar.
El vendaval de pasiones impedía
el camino,
pero los meandros de su memoria
allanaron la travesía.
Dormida, esperando,
ahogada en sueños,
llegó la sed que calmó
con la luz.
La piel le quemaba el grito
mudo
que irrumpió de las entrañas,
insaciable
y sin quiebros.
El destino,
salvaje y turbulento,
explotó
voraz.
Se rompieron laderas y curvas,
dibujaron figuras
indescriptibles,
dolor
y aroma,
violencia
y emociones.
Estallido inaudible
que inundó la naturaleza.
Todo fuego,
todo lava,
La nada, sepultada.

¿QUÉ VEN ESOS OJOS?

Ningún destello.
El azul celeste adivina un gris.
El verde y el pardo
se superponen
en esa carretera
familiar.
Las ramas amarillean
veteadas
y se tuestan las planicies y los árboles
lejanos.
Granates, marrones,
piedras.
Zócalos oscuros
y terrazas plateadas,
es el sol de mediodía...
Poca luz.
Será verdad.
El aguijón de la conciencia
canta el ángelus,
salmodian versos
incomprensibles.
Patio de yeso,
filas de uniformes,
de color marino,
bajo el cielo
encapotado.
Santiguarse
y amén.
Esos ojos ven lo que ven,
falta mucha vida...
Y poca luz.

NO VUELVAS LA CARA

Ese gesto eufórico,
falaz,
emulando felicidad,
despeja sentimientos,
invade tiempo,
somete emociones.
No me gusta tu cara.
Atenta sigo imaginando,
vigilante de un signo
que no te pertenece.
No vuelvas la cara ...
¡Mírame!

SE PERDIERON

No nos van a oír.
Miradas de anhelos,
ojos desvariados,
labios púrpura,
amoratados.
El equilibrio natural
ahonda en la súplica,
tu paciencia
me resigna,
tu tristeza no me reconcilia.
La soledad fortalece.
Confiar.

VI UN GUSANO

Quieto,
desapareció de repente.
Sin rastro.
Esperaba una huella
glauca
de hielo mágico.
Lo imaginé
al abrigo de vituperios.
Sobrevivir a los designios
de la hora bruja,
de la bruja que borra
la vida.
Cumplir las amenazas
bajo los anillos
impávidos
de la realidad.
No hay fantasía
para una manzana,
podrida.

ÁCIDO

La amargura de la oscuridad,
huérfana de aire,
invoca al óxido
que llama al pulso,
con latidos inertes,
de naufragio.
En la orilla
cráneos ciegos, entrañas
desvanecidas
y desprecio metálico.
La sangre palpita
en una fantasía noctámbula.
Ácido agrio de unos órganos,
moribundos.
Las olas,
a la deriva,
la muerte se eleva
y se confunde
con el sueño.
Almas vacías.

ME CALLARÉ

Los rincones del espíritu
sorprenden,
dibujan destellos
sombríos
y pintan la razón
sin gritos.
No hay ruido en los ojos,
no hay sonido en la mirada.
Manos suplicantes,
sarmientos enrejados.
Una boca que protege mentiras
conocidas.
Sin besos, sin apetito.
Si me amas...
Me callaré.

DESPEDIDA

El cerebro desgastado de tantas palabras
que resuenan,
de tantos pensamientos y
sentimientos ignorados.
Miedo en la despedida.
Inquietud
de un futuro sin ventura.
Rechinan en silencio
unos dientes que ya no muerden.
Y la sospecha del adiós,
y el pálpito de hasta cuándo.
Una arruga en el corazón,
un pellizco en el alma.
Anochece...

MI PALABRA

Vuela y se evapora.
Grita y enmudece.
Te nombra y te esconde.
Palabra de valor, palabra
de poder.
Permanecen, sosiegan,
atrapan y entrampan.
Pacifican y atosigan,
cuando perdonan.
Mi palabra siente.
Tu palabra,
inspira.
Palabra de genio,
de lámpara brillante,
humo en palabras,
viento de palabras.
Caducidad,
palabras a la fuga.
Entre palabras,
encuentros,
sin barreras…
más palabra.
La mía y la tuya…
siempre.

DEBILIDAD

Y parsimonia.
Sin porqués. Porque sí.
Calidez y afecto por aquel.
Voz templada para él.
Sin perversión,
aquietada la debilidad, regalo
al otro.
Al corazón ajeno,
inmerecido,
insolencia de la razón,
sometimiento a la falsedad.
¿Por qué?

EL ESPEJO ROTO

Briznas de temor
se esparcen acalladas
por el quejido de una imagen
descompuesta,
sin inteligencia
para amar.
Sin ganas.
Despejar rescoldos de un pasado
conocido.
Coser pedazos de un porvenir,
esencia vital de un vidrio,
inexistente.
El secreto humano a resguardo
de la magia.
Espejito, espejito…

MISTERIO

Visualizar aquella rotura
lacera,
una vena cordial que se esconde
y palpita sin avisar.
La maraña del bosque
bordea el agua,
encenagada,
aprisionando el tiempo.
El silencio atronador
que intimida y atrae.
La seducción del vacío
en espera del monstruo que
atrapa.
Engulle,
desafiante.
Y de pronto,
se advierte
un movimiento de la sima
abisal...
La profundidad se revuelve,
el tiempo se paraliza,
la brecha acuosa,
gigante,
traga la vida.

AMANECER

En la espera nocturna,
el susto de encontrar lo desconocido,
alerta el vendaval oculto.
Esas lágrimas se mezclan
con sonidos de recuerdos
pegados a la piel.
Los músculos gritan
un sonido inmóvil
por escapar.
Abandonar lo vivido
se malogra con la primera
luz,
que apaga la emoción.

¿Y DESPUÉS?

Pronunciar el deseo.
Desear lo impronunciable.
Quedará una herida,
sin fe en el mañana y
entregada a la anarquía
de una decisión en soledad.
La casualidad no evita el dolor
pero alivia el sentido de estar,
juntos.
Agostada la ilusión,
acude la inercia.
No hay respuesta:
Existir es una forma edulcorada
de sobrevivir:
alma y cerebro.
Paralizado el motor,
las piezas se adormecen
en un tablero vital,
olvidado.
Después de buscar,
sin conseguir,
después de perseguir,
sin encontrar,
Después...
descansar.

MUCHAS GOTAS

Parecen muchas,
y casi las puedo contar.
Pegadas al cristal,
salpican mi mente
y funden mis ideas
que se escapan por los resquicios
de la ventana.
Percibo la blancura del atardecer
cubierto de reflejos,
opacos.
Mis pestañas,
débiles,
me engañan:
No llueve.
Son acero en mis sentidos
que se desbocan
en la quietud
de un abrazo,
suspirado.

LAS BOTAS DEL GATO

Recorrer leguas de vida,
zancadas sin descanso,
para alcanzar el arcoíris
de placer.
Dejar la fantasía en el suelo,
y no imaginar cortejo
en las alturas,
para despertar cansado de unos lazos
que aprietan
y cortan la respiración.
Seguir durmiendo,
bálsamo,
purificador
de errores impúdicos.
La felicidad de esa pesadilla
cuando el adversario se aleja.
Las botas regalan sorpresas
que un gato araña de puntillas.
Se aleja,
huraño,
escuchando
que unos pies ocupan su lugar.

ESCÓNDETE

Que llega la vida,
que llega la vieja.
En la cueva la virgen,
llora.
Te buscan y gritan.
¿Quién eres?
No tienes nombre,
estás solo.
Tiemblas de frío,
en una gruta milagrera,
te quema el corazón,
febril,
y tus manos,
implorantes a la santa,
escapan de mi abrazo.

DEL IMPULSO

Del impulso rozaste
el cielo.
Inventaste
una aventura,
sin protagonistas reales:
-¡Más alto!- gritabas
-¡Más fuerte!- repetías.
En aquel jardín
éramos dos:
Como en los sueños,
ibas y venías.
Una pura tentación:
Velocidad
sin miedo,
risa
nerviosa,
emoción
inquieta,
manos,
piernas,
cabeza…
-¡Más, más!-
Del impulso…
aterrizaste
en el suelo.

ME DI CUENTA

La providencia,
magnánima,
favorece esta proximidad.
Te contemplo con todos mis sentidos
y la fuerza de tu cuerpo
se afana en corresponderme.
Una búsqueda
sin límites,
una inclinación
pactada
para rastrear vacíos
inexistentes.
Sin brebajes,
sin magia,
sin ruta.
Me di cuenta
del torbellino
anímico,
de los momentos
sin tiempo,
de las horas
incontables.
La cima alcanzada,
arrastra
y pesa
una pena
que se cierne
en espera
de la tumba.

LA ESCALERA

Un espacio tallado,
se remueve hecho
trizas.
Huellas que toman conciencia
de una pasión anterior
y oyen voces apagadas.
Susurros de quejas
descienden.
El aburrimiento
sube
y baja,
peldaños de lamentos.
Escondite
a la luz de la luna.
Un grito avisa de quien se acerca
abusando del señorío doméstico.
Un pie tropieza,
el otro se para,
calma
en el apremio,
desasosiego
en reposo.

LA AGUJA

Rechinan con agudeza
sonidos desafinados;
las tres avispas acuden,
solícitas,
a una llamada,
dulce,
y prometedora.
El sueño fue su salvación
hasta que un beso la devolvió,
de un pasado protegido,
a un presente
desalentador.
Invocó tres veces,
y solo
una aguja,
acudió.

INOCENTE

Esa mueca de plañidera,
mirada torcida
y manos crispadas.
Pintas una queja
anunciadora del ocaso,
apoyada en el quicio de la puerta
esperando…
Laguna,
silencio,
orilla.
Conduces al inocente
cumpliendo tu misión
sin alma,
sin corazón.
Brilla la luna,
escondida,
atenta para dormir
en una nueva compañía.

EL RINCÓN

Enredar la pasión solícita,
tocar con dedos vacilantes
para dominar el miedo
que agarrota el deseo.
En aquella oscuridad
me sentí atrapada como la araña
tejiendo la red,
al acecho de hilos relucientes
que la oscuridad evapora.
Acorralada,
la furia domina la sumisión,
reconocer que ser inferior,
no me hace mejor.
Infligir castigo a la osadía,
de cara a la pared,
expío mis culpas, acusando
al próximo tan cercano.

TAN PEQUEÑA

Me dejarán sola,
me quedaré sin su espíritu
para marcar el paso.
Siempre la bondad ajena,
sacudiendo mis celos,
escupiendo una verdad,
a medias.
Difícil acomodar la resignación
sin fortaleza, con un lastre,
infinito,
de rabia que estalla
y disimula
colmillos,
acerados.
Queriéndolo todo sin querer,
al final,
en paz.

CREPÚSCULO

En medio de la calma,
llega lo ineludible.
La niebla nocturna
atrae mentes turbulentas,
desgastadas por el aire,
que se ahogan en la espuma
mortecina.
La geografía voluptuosa
de tu recuerdo, envuelve
mi voluntad,
que no obedece
a la razón.
La noche silenciosa señala
fronteras indivisibles con el ser
amado.
Desafío terrenal,
protector de conciencias
imperturbables.
¿Por qué eres tú?

AQUELLA FLECHA

No dio en la diana.
Hirió el blanco de mi espacio,
como un acertijo incómodo
que me devolvió a la realidad
de un ser inexistente
penando por flotar.
Pidiendo oxígeno
que alimente el hálito físico
de una vida extenuada,
esperando que acierte.

A BARTÓK

Me permitiste ser yo.
Tu interpretación favorecía
mi ser abrupto,
despedazado,
como una lupa opaca.
Tu tónica dominante
partió en tres,
mi eje corpóreo,
mientras los dedos gritaban
al cerebro
el ritmo de una melodía,
áurea.
Extremo y bronco,
pusilánime
y folclórico.
La vida acorta
un futuro,
dinámico.
Teclas,
arco
y cuerdas.
Rapsodia original
de una
composición
que mi adolescencia
no deja de interpretar,
En
el
éxtasis
de
mi
vejez.

LLUEVE

Ser de intemperie,
sin refugio,
de abrazo pomposo
vestido de hopalandas.
Respiras la lluvia
mientras vivimos juntos
en un caleidoscopio:
miríadas de teselas
encerradas en una burbuja
multicolor,
insonora
y vacía.
El amor dibuja la aberración
del riesgo eterno,
que se desvanece
con el agua,
antes de llegar
a la tierra.
La multitud diluye el mosaico
que cubre nuestra historia.
Otros la pisarán cuando el suelo
siga mojado.

POR EL AMOR DE DIOS

Aquella limosna se cayó de un bolsillo
roto.
La mordida de un arrepentimiento
vacuo,
consoló la indigencia.
Persignarse salva,
rodilla genuflexa de deporte
sincero.
Músculo agarrotado de petición diaria,
con el mazo dando,
por si acaso,
"pedid
y se os dará".
Acaba la liturgia paladeando
cánticos
de alabanza.
"Ite missa est"
Aliviado el espíritu,
"No solo de pan vive el hombre",
el entendimiento mantiene la oración
que pugna por salir de una boca
sin dientes.
La mendicidad implora
al cielo
con ojos
escultóricos.
Pronto llegará la Semana Santa.

DULCES

Debilitar las heridas,
facilitar su sanación.
El bálsamo de un halago
ahonda en el dolor profundo
del engaño.
Cerrar fractura
con lisonjas
premia la sospecha de una promesa
nunca cumplida.
El apetito reclama obsequios
que la razón desdeña por sabia.
La perpetuidad de una queja se adueña
de un torbellino,
irascible,
que provoca
una punzada
sin adulación.
Dignidad por un elogio,
a sabiendas,
inmerecido.

¡SÁLVESE QUIEN PUEDA!

Nos ganamos nuestra vida,
la vida a pulso,
nos la jugamos
sin color elegido.
Una vida que se mueve por el tapete
sin diseñar actos,
cartas sin marcar,
de cartón
y piedra,
llenas de ausencias.
Aseguran la finitud vital,
un farol en el tablero
que cambia de argumentos.
La felicidad se hace plomo,
y no se convierte en plata.
Como la vida misma.

DETRÁS DEL TELÓN

Maquinaria de tendones
que se comprimen de fuerza,
poleas rugientes sin desengrasar,
-los años no perdonan-
y un paisaje,
en hilachas,
dibujado antaño:
épocas fluorescentes
de bisagras que fluyen
entre la multitud,
entusiasta,
de un espectáculo,
único.
Es el mundo.
El gran teatro.
Pronto emergerán las figuras,
chulescas,
prepotentes
y ensayadas,
subyugando a la audiencia,
sin atisbos de decepción.
Los aplausos
prorrumpen,
poco reflexivos,
perversos y
manipuladores.
Y deciden culminar la acción,
impostada,
sosteniendo en el aire un ruido
que flota más allá del telón.

ÍNDICE

Ediciones Vitruvio

Colección Baños del Carmen

Últimos libros publicados:

Las flores del mal, de Charles
Baudelaire

En mi cuaderno de viaje, de
Carmen Maga

Declaración jurada, de Manuel E.
Castillo

Siempre Domingo, de Pascual
García

Escribir Silencio, de José A.
Alfonso

Ciento cincuenta voltios, de David
Alberti

Que nada se olvide, de Álvaro
Fierro Clavero

Ayer es mañana, de José Elgarresta

Y ahora sorpréndeme, José Ramón
Silva

Playa sin mar, de Eduardo Crespo

El mar mientras duerme, de
Santiago Gómez Valverde

Madame Podeva, de Natalia Ruiz-
Poveda

El hombre que alimentaba su alma,
de Sergio Macías

A la tarde, de María Paz Otero

La ingravidez que somos, de
Antonio Ríos

La ilusión del indulto, de David
Minayo

El vigor, de Leonardo David
Segado

Balcones azules, de varios autores

Música Rusa, de William
Jonhsnton

El lenguaje del número, de Juan
Pedro Carrasco

Doce voces, una voz, de Jaume
Mesquida

Memoria del frío, de Ricardo Ruiz

Acceso a la vida, de María José
Pérez Grange

La fama pregonera, de Jesús
Mauleón

Equipaje de momentos, de Carlos Guerrero

Habrá poetas, de Mikel Ceniceros

El único umbral, de Diego Doncel

Mil años de poesía (1000-2000), número mil de la colección Baños del Carmen

Autobús nocturno, de Luis Machuca Moreno

Donde nadie dirige la mirada, de Fernando Fiestas

Siempre promete amanecer, de Ignacio Eufemio Caballero

Recuento de ilusiones, de Norberto Garcés

Y la que escucha no es ella, de Silvia López Ripoll

La levedad, de Cristina Liso

La niña que ha sembrado la tierra del poema, de Josela Maturana

Despacio y tiempo, de Angie Expósito

El agua en la mano, de Félix Recio

Parábola entre parabólicas, de Pablo Villa

Nuevas prosas, de Manuel Lacarta

La última vez que la luna dijo tu nombre, de Laura Vera Becerra

Centinela del viento, de Daniel López Acuña

Guiñol, de Pedro López Lara

Historias encontradas, de Domingo Luis Hernández

El gozo cumplido, de María José García Mesa

Postales del norte, de Juan Gil Bengoa

Obra poética incompleta, de Yong-Tae Min

La ley del soneto, de Modesto González Lucas

Franqueo en destino, de José Félix Olalla

Otro tipo de abreviatura, de Isabela Basombrio Hoban

Cuando llegues, de Carlos Cortés

Palabras, pájaros y cobijo, de Victoria Muñoz Arenas

Éramos esto, de Pilar Úcar Ventura

Después de la belleza, de Rafael Talavera

Estrellas que no vi, de Leonardo David Segado

Monodias, de Luis Rodríguez Cao